山东省地方标准

连续配筋混凝土路面设计与施工技术指南

Guide for design and construction of continuously reinforced cement concrete pavement

DB 37/T 3567—2019

主编单位：山东省交通运输厅公路局
　　　　　山东省交通科学研究院
　　　　　山东泰和公路工程有限公司
　　　　　山东东泰工程咨询有限公司
批准部门：山东省市场监督管理局
实施日期：2019 年 06 月 29 日

人民交通出版社股份有限公司

图书在版编目(CIP)数据

连续配筋混凝土路面设计与施工技术指南/山东省交通运输厅公路局等主编. — 北京：人民交通出版社股份有限公司, 2019.11
ISBN 978-7-114-15938-1

Ⅰ.①连… Ⅱ.①山… Ⅲ.①连续配筋混凝土路面—路面设计—指南②连续配筋混凝土路面—路面施工—指南 Ⅳ.①U416.216-62

中国版本图书馆 CIP 数据核字(2019)第 240012 号

书　　名：连续配筋混凝土路面设计与施工技术指南
著　作　者：山东省交通运输厅公路局
　　　　　　山东省交通科学研究院
　　　　　　山东泰和公路工程有限公司
　　　　　　山东东泰工程咨询有限公司
责任编辑：黎小东　王海南
责任校对：张　贺　宋佳时
责任印制：张　凯
出版发行：人民交通出版社股份有限公司
地　　址：(100011)北京市朝阳区安定门外外馆斜街 3 号
网　　址：http://www.ccpress.com.cn
销售电话：(010)59757973
总　经　销：人民交通出版社股份有限公司发行部
经　　销：各地新华书店
印　　刷：北京市密东印刷有限公司
开　　本：880×1230　1/16
印　　张：1.75
字　　数：48 千
版　　次：2019 年 11 月　第 1 版
印　　次：2019 年 11 月　第 1 次印刷
书　　号：ISBN 978-7-114-15938-1
定　　价：30.00 元

(有印刷、装订质量问题的图书，由本公司负责调换)

DB 37/T 3567—2019

目　次

前言 .... Ⅲ
1 范围 1
2 规范性引用文件 1
3 术语和定义 1
4 符号与代号 2
　4.1 作用及作用效应 2
　4.2 设计参数和计算系数 2
　4.3 几何参数 3
　4.4 材料性能 3
5 设计参数 3
6 结构组合设计 4
　6.1 一般规定 4
　6.2 路基 5
　6.3 垫层 5
　6.4 功能层 5
　6.5 基层和底基层 5
　6.6 CRCP 面层 6
　6.7 沥青混凝土磨耗层 6
　6.8 路肩 6
　6.9 路面排水 7
7 接缝设计 7
　7.1 纵向接缝 7
　7.2 横向接缝 8
　7.3 填缝材料 10
8 配筋设计 10
9 材料技术要求 10
　9.1 一般规定 10
　9.2 垫层材料 11
　9.3 基层材料 11
　9.4 功能层材料 11
　9.5 CRCP 面层材料 11
　9.6 磨耗层 11
10 水泥混凝土配合比设计 11
　10.1 一般规定 11
　10.2 水泥混凝土配合比设计 12
11 施工准备 12
　11.1 一般规定 12
　11.2 施工组织 13
　11.3 拌和站 13

Ⅰ

11.4 原材料与设备检查 13
11.5 功能层施工 13
11.6 封层施工 13
11.7 试验段铺筑 14
12 水泥混凝土面层施工 14
    12.1 一般规定 14
    12.2 模板 14
    12.3 抗滑构造施工 14
    12.4 连续配筋水泥混凝土路面面板养生 14
13 施工质量标准与控制 15
    13.1 一般规定 15
    13.2 水泥混凝土路面质量标准 15
14 其他 15
附录 A（资料性附录） 连续配筋混凝土板应力分析及厚度计算 16
附录 B（资料性附录） 水泥混凝土线膨胀系数测试方法 19

前 言

本标准按照 GB/T 1.1—2009 给出的规则起草。

本标准由山东省交通运输厅提出并监督实施。

本标准由山东省交通运输标准化技术委员会归口。

本标准由山东省交通运输厅公路局、山东省交通科学研究院、山东泰和公路工程有限公司、山东东泰工程咨询有限公司负责起草。

本标准主要起草人:李英勇、韦金城、朱海波、余四新、马晓燕、韩文扬、孙杰、王晓燕、王鹏轶、曲建波、袁春建、贺斌、孙兆云、胡家波、王蕾、王宝同、苏永和、陈芳、吴立强、赵宁、王仕坤、董昭、吴文娟。

连续配筋混凝土路面设计与施工技术指南

1 范围

为规范公路连续配筋水泥混凝土路面设计与施工技术，提高连续配筋水泥混凝土路面的技术水平、使用品质和设计质量，保证工程质量，制定本指南。

本指南适用于重载交通新建及改建公路长大纵坡连续配筋水泥混凝土路面设计和施工，城市道路特殊路段连续配筋水泥混凝土路面可参照执行。

连续配筋水泥混凝土路面设计和施工除应符合本指南外，尚应符合国家和行业现行有关标准、规范的规定。

2 规范性引用文件

下列文件对于本文件的应用是必不可少的。凡是注日期的引用文件，仅注日期的版本适用于本文件。凡是不注日期的引用文件，其最新版本（包括所有的修改单）适用于本文件。

CJJ 1   城镇道路工程施工与质量验收规范
CJJ 169   城镇道路路面设计规范
JTG D20   公路路线设计规范
JTG D30   公路路基设计规范
JTG D40   公路水泥混凝土路面设计规范
JTG F10   公路路基施工技术规范
JTG/T F20   公路路面基层施工技术细则
JTG/T F30   公路水泥混凝土路面施工技术细则
JTG F40   公路沥青路面施工技术规范
JTG F80/1   公路工程质量检验评定标准 第一册 土建工程
JTG F90   公路工程施工安全技术规范

3 术语和定义

下列术语和定义适用于本文件。

3.1
连续配筋水泥混凝土路面（CRCP） continuously reinforced concrete pavement
面层内配置纵向连续钢筋和横向钢筋，横向不设缩缝的水泥混凝土路面。

3.2
复合式连续配筋水泥混凝土路面 composite continuously reinforced concrete pavement
由沥青混合料磨耗层和连续配筋水泥混凝土结构层复合而成的路面。

3.3
功能层 function layer
设置在连续配筋水泥混凝土结构层与刚性或半刚性基层之间，防止基层受冲刷并减小基层对面层约束作用的，厚2cm～5cm的细粒式密级配沥青混合料层。

3.4
设计基准期 design reference period
计算路面结构可靠度时,考虑各项基本度量与时间关系所取用的基准时间段。

3.5
安全等级 safety class
根据路面结构的重要性和破坏可能产生后果的严重程度而划分的设计等级。

3.6
可靠度 reliability
路面结构在规定的时间内和规定的条件下完成预定功能的概率。要求设计结构物达到的可靠度称为目标可靠度。

3.7
可靠指标 reliability index
度量路面结构可靠度的一种数量指标。要求设计结构物具有的可靠度指标称为目标可靠指标。

3.8
可靠度系数 reliability coefficient
为保证所设计的结构具有规定的可靠度,而在极限状态设计表达式中采用的单一综合系数。

3.9
滑模摊铺机铺筑 slipform paving
采用滑模摊铺机铺筑水泥混凝土面层的施工工艺。其特征是不架设边缘固定模板,布料、摊铺、振捣密实、挤压成型、抹面修饰等施工流程在摊铺机行进过程中连续完成。

3.10
三辊轴机组摊铺 paving with vibrator and triple-roller-tube combination
采用振捣机具和三辊轴整平机配合铺筑水泥混凝土面层的施工工艺。其特征是需要在边缘架设固定模板,模板同时兼具三辊轴整平机轨道的功能。

4 符号与代号

下列符号和代号适用于本文件。

4.1 作用及作用效应

N——轴载的作用次数;
P——轴载;
σ——应力;
ε——应变;
ω——弯沉。

4.2 设计参数和计算系数

C——温度应力系数;
C_v——变异系数;
γ_r——可靠度系数;
ρ——配筋率;
t——时间;
T——温度。

4.3 几何参数

A——面积；
b——宽度；
d——直径；
h——结构层厚度；
l——长度；
L——间距。

4.4 材料性能

D——弯曲刚度；
E——弹性模量；
f_t——弯拉强度；
r——相对刚度半径；
α_c——线膨胀系数；
ν——泊松比。

5 设计参数

5.1 连续配筋水泥混凝土路面结构的设计安全等级及相应的设计基准期、目标可靠指标与目标可靠度，应符合表1的规定。

表1 可靠度设计标准

公路等级	高速公路	一级公路
安全等级	一级	
设计基准期(年)	30	
目标可靠度(%)	95	90
目标可靠指标	1.64	1.28

5.2 各安全等级路面的材料性能和结构尺寸参数的变异水平，应按公路等级以及所采用的施工技术和所能达到的施工质量控制和管理水平，通过调研确定变异水平等级和相应的变异系数，高速公路、一级公路的变异水平等级宜为低级。按表2规定的主要设计参数变异系数范围选择相应的变异系数。

表2 变异系数 C_v 的范围

变异水平等级	低
水泥混凝土弯拉强度	$0.05 \leq C_v \leq 0.10$
基层顶面当量回弹模量	$0.15 \leq C_v \leq 0.25$
水泥混凝土面层厚度	$0.02 \leq C_v \leq 0.04$

5.3 连续配筋水泥混凝土路面结构分析应采用弹性地基板理论。除粒料类基层外，其他各类基层与混凝土面层应按分离式双层板模型进行结构分析。粒料类基层及各类底基层和垫层，应与路基一起视作多层弹性地基，以地基顶面当量回弹模量表征。

5.4 连续配筋水泥混凝土路面面板厚度设计按普通水泥混凝土路面面板厚度各项设计参数及规定进行，其基(垫)层厚度设计与普通混凝土路面相同。应以路面面板在设计基准期内，在行车荷载和温度梯度综合作用下,不产生疲劳断裂作为设计标准;以最重轴载和最大温度梯度综合作用下,不产生极限断裂作为验算标准。

5.5 贫混凝土或碾压混凝土基层应以设计基准期内行车荷载不产生疲劳断裂作为设计标准。

5.6 按疲劳断裂设计标准进行结构分析时,以100kN单轴—双轮组荷载作为设计轴载,对极重交通荷载等级的水泥混凝土路面,宜选用货车中占主要份额特重车型的轴载作为设计轴载。各级轴载作用次数N_i,可按式(1)换算为设计轴载的作用次数N_s。

$$N_s = \sum_{i=1}^{n} N_i \left(\frac{P_i}{P_s}\right)^{16} \tag{1}$$

式中:N_s——设计轴载的作用次数;

P_i——第i级轴载重(kN),联轴按每一根轴载单独计;

P_s——设计轴载重(kN);

n——各种轴型的轴载级位数;

N_i——i级轴载的作用次数。

5.7 连续配筋水泥混凝土路面设计车道在设计基准期内所承受的设计轴载累计作用次数,按设计基准期内设计车道临界荷位处所承受的设计轴载累计作用次数分为3级,分级范围见表3。

表3 交通荷载分级

交通荷载等级	极 重	特 重	重
设计基准期内设计车道承受轴载(100kN)累计作用次数N_e($\times 10^4$)	$>1\times 10^6$	$1\times 10^6 \sim 2\,000$	$2\,000 \sim 100$

5.8 水泥混凝土的设计强度应采用28d龄期的弯拉强度。各交通荷载等级要求的水泥混凝土弯拉强度标准值不得低于表4的规定。

表4 水泥混凝土弯拉强度标准值

交通荷载等级	极重、特重、重
水泥混凝土的弯拉强度标准值(MPa)	≥5.0
钢纤维混凝土的弯拉强度标准值(MPa)	≥6.0

6 结构组合设计

6.1 一般规定

6.1.1 应依据公路等级、交通荷载、路基条件、当地温度和湿度状况以及使用性能要求,选择及组合与之相适应的路面结构。

6.1.2 路面结构组合设计,应使各个结构层的力学特性及其组成材料性质满足相应的功能要求。

6.1.3 应充分考虑各相邻结构层的相互作用、层间结合条件和要求,以及结构组合的协调与平衡。

6.1.4 应充分考虑地表水的渗入和冲刷作用。采取封堵和疏排措施,减少地表水渗入,防止渗入水积滞在路面结构内。基层应选用抗冲刷能力强的材料。

6.1.5 应在连续配筋水泥混凝土面层与半刚性基层或者刚性基层之间设置沥青混合料功能层,功能层配合比设计和性能要求参照JTG F40的规定。

6.1.6 连续配筋水泥混凝土路面面板可单独作为面层,对路面行驶舒适性要求较高的路段,可采用沥青混合料磨耗层+连续配筋水泥混凝土面层的复合式路面结构形式。

6.2 路基

6.2.1 路基应稳定、密实、均质,对路面结构提供均匀的支承。

6.2.2 路床顶面的综合回弹模量值,重交通荷载等级时不得低于60MPa,特重或极重交通荷载等级时不得低80MPa。

6.2.3 路基填料应满足以下要求:
   a) 高液限黏土及含有机质的细粒土不应用作高速公路和一级公路的路床填料。
   b) 高液限粉土、塑性指数大于16或膨胀率大于3%的低液限黏土不应用作高速公路和一级公路的上路床填料。
   c) 因条件限制必须采用上述土作填料时,应掺加水泥、粉煤灰或石灰等结合料进行改善。

6.2.4 路床顶面综合回弹模量值不满足6.2.2的要求时,应选用粗粒土或低剂量无机结合料稳定土作为路床或上路床填料。当路基工作区底面接近或低于地下水位时,可采取更换填料、设置排水渗沟等措施。

6.2.5 水文地质条件不良的土质路堑,应采取地下排水措施。

6.2.6 对路堤下的软弱地基进行加固处治后,其工后沉降量应符合JTG D30的规定,并宜在路床顶部铺筑粒料层。

6.2.7 填挖交界或新老路基结合路段,应采取防止差异沉降的技术措施。

6.2.8 石质挖方或填石路床顶面应铺设整平层。整平层可采用碎石、低剂量水泥稳定粒料等材料,其厚度可根据路床顶面平整程度确定,最小厚度不小100mm。

6.3 垫层

6.3.1 遇有水文地质条件不良的土质路堑,当路床土湿度较大时,应在基层或底基层下设置排水垫层。

6.3.2 垫层应与路基同宽,厚度不得小于150mm。

6.3.3 防冻垫层和排水垫层宜采用碎石、砂砾等颗粒材料。

6.4 功能层

6.4.1 水泥混凝土面板与基层之间的功能层厚度为2cm~5cm。

6.4.2 功能层材料采用细粒式密级配沥青混合料。

6.5 基层和底基层

6.5.1 基层和底基层应具有足够的抗冲刷能力和适当的刚度。

6.5.2 基层和底基层的材料可依据交通荷载等级、结构层组合要求和材料供应条件,分别参照表5选用。

表5 各交通荷载等级的基层和底基层材料类型

交通荷载等级	基层材料类型	底基层材料类型
极重、特重	贫混凝土、碾压混凝土	级配碎石,水泥稳定碎石,石灰、粉煤灰稳定碎石
重	水泥稳定碎石	

6.5.3 承受极重、特重或重交通荷载的路面,基层下应设置底基层。当基层采用无机结合料稳定类材料,且上路床由细粒土组成时,应在基层下设置粒料类底基层。

6.5.4 基层采用无机结合料稳定类材料时,底基层宜选用小于0.075mm颗粒含量少于7%的粒料类材料。

6.5.5 无机结合料稳定碎石基层上应设置透层,或者根据需要设置封层,封层可采用单层沥青表面处治或适宜的膜层材料等。当采用单层沥青表面处治时,层厚不宜小于6mm。

6.5.6 贫混凝土或碾压混凝土基层的计算厚度应满足JTG D40的要求。基层设计厚度应依据计算厚度按10mm向上取整。

6.5.7 硬路肩采用连续配筋混凝土面层时,基层的结构与厚度应与行车道相同。基层的宽度当采用小型机具施工时应比混凝土面层每侧宽出300mm,当采用滑模式摊铺机施工时应比混凝土面层每侧宽出650mm。

6.5.8 碾压混凝土基层应设置缩缝。贫混凝土基层弯拉强度大于1.5MPa时,应设置横向缩缝;一次摊铺宽度大于7.5m时,应设置纵向缩缝。

6.6 CRCP面层

6.6.1 CRCP面层应具有足够的强度和耐久性,表面应抗滑、耐磨、平整。

6.6.2 CRCP面层的计算厚度与普通水泥混凝土路面板厚度一样,依据交通荷载等级、公路等级和变异水平等级确定,面层的设计厚度应依据计算厚度加6mm后,按10mm向上取整。CRCP面层厚度计算过程参见附录A。

6.6.3 复合式连续配筋水泥混凝土路面面板的计算厚度与6.6.2一致。连续配筋水泥混凝土面板表面应做拉毛处理,表面构造深度应满足表6的要求。连续配筋水泥混凝土面板与沥青混凝土磨耗层之间应设置封层,封层材料技术要求参照JTG F40的规定。

6.6.4 连续配筋水泥混凝土面板做面层时,表面必须采用拉毛、拉槽、压槽或刻槽等方法筑做表面构造,在交工验收时构造深度应满足表6的要求。

表6 水泥混凝土面层的表面构造深度(mm)要求

公 路 等 级	高速公路、一级公路
一般路段	0.70～1.10
特殊路段	0.80～1.20
注1:特殊路段:对于高速和一级公路系指立交、平交或变速车道等处;对于其他等级公路系指急弯、陡坡、交叉口或集镇附近。	
注2:在年降雨量600mm以下的地区,表列数值可适当降低。	

6.7 沥青混凝土磨耗层

6.7.1 沥青混凝土磨耗层厚度不宜小于40mm。应设单层或双层沥青面层,至少有一层采用密级配沥青混合料,应根据需要设置沥青砂调平层,在路面边缘宜设置内部排水系统。

6.7.2 沥青混凝土磨耗层与水泥混凝土面层之间应设置改性沥青集料封层。

6.8 路肩

6.8.1 路肩铺面结构应具有一定的承载能力,其结构层组合和材料选用应与行车道路面相协调,不应使渗入的路表水积滞在行车道路面结构内。

6.8.2 高速公路和一级公路以及承受极重、特重和重交通荷载等级的公路,路肩铺面应采用与行车道路面相同的结构层组合和组成材料类型。

6.8.3 路肩面层选用沥青类材料时,应采用热拌沥青混合料。

6.8.4 硬路肩与行车道面层应设置拉杆相连。路肩面层为连续配筋水泥混凝土时,钢筋布置与行车道一致。

6.9 路面排水

6.9.1 行车道路面横坡坡度宜为1%～2%，路肩表面的横向坡度宜为2%～3%。

6.9.2 带孔集水管的管径宜采用100mm～150mm。集水沟的宽度宜采用300mm。集水沟的深度应能保证集水管管顶低于排水层底面，并有足够厚度的回填料使集水管不被施工机械压裂。沟内回填料宜采用与垫层相同的透水性材料，或不含细料的碎石或砾石粒料。横向排水管应不带孔，其管径与集水管相同。

6.9.3 集水沟和集水管的纵坡宜与路线纵坡相同，且不宜小于0.3%。横向排水管的坡度不宜小于5%。

6.9.4 横向排水管出口端应设端墙，端头宜用镀锌铁丝网或格栅罩住，出水口下方应铺设水泥混凝土防冲垫板或进行坡面防护。在横向排水管上方的路肩边缘处应设置标志，标明出水口位置。

7 接缝设计

7.1 纵向接缝

7.1.1 纵向接缝的布设应视路面总宽度、行车道及硬路肩宽度以及施工铺筑宽度而定，纵向接缝间距宜在3.0m～4.5m范围内选用。

a) 一次铺筑宽度小于路面宽度时，应设置纵向施工缝。纵向施工缝应采用设拉杆平缝形式，上部应锯切槽口，深度宜为30mm～40mm，宽度宜为3mm～8mm，槽内应灌塞填缝料。其构造如图1a)所示。

b) 一次铺筑宽度大于4.5m时，应设置纵向缩缝。纵向缩缝应采用设拉杆假缝形式，锯切的槽口深度应大于施工缝的槽口深度。采用粒料基层时，槽口深度应为板厚的1/3；采用半刚性基层时，槽口深度应为板厚的2/5。其构造如图1b)所示。

c) 行车道路面与混凝土硬路肩之间的纵向接缝必须设置拉杆。

d) 可采用横向钢筋穿过纵向接缝的方式代替部分拉杆，起到拉杆的作用。

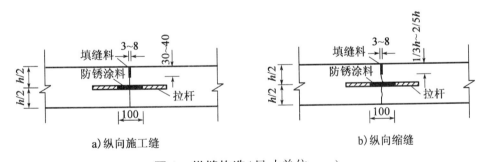

图1 纵缝构造(尺寸单位：mm)

7.1.2 纵缝应与路线中线平行。在路面等宽的路段内或路面变宽路段的等宽部分，纵缝的间距和形式应保持一致。路面变宽段的加宽部分与等宽部分之间，应以纵向施工缝隔开。加宽板在变宽段起终点处的宽度不应小于1m。

7.1.3 拉杆应采用螺纹钢筋，设在板厚中央，并应对拉杆中部100mm范围内进行防锈处理。拉杆的直径宜采用18mm，长度1 200mm，间距1 200mm。施工布设时，拉杆间距应根据横向接缝的实际位置予以调整，最外侧的拉杆距横向接缝的距离不得小于100mm。

7.1.4 如果采用三辊轴法施工，布设横向钢筋或者拉杆时在模板处应将其截断(从拉杆中点处截断)，采用丝口连接，待拆模后安装另一端拉杆。

7.2 横向接缝

7.2.1 每日施工结束或因临时原因中断施工时,必须设置横向施工缝。横向施工缝应采用加强钢筋的平缝形式,加强钢筋在每 2 根纵向钢筋之间布置,其构造如图 2 和图 3 所示。加强钢筋直径与纵向钢筋一致,长度为 1 200 mm。

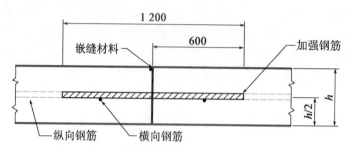

图 2 横向接缝钢筋布置(尺寸单位:mm)

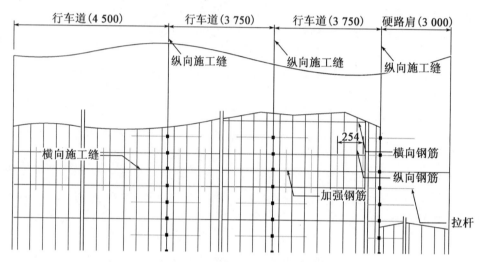

图 3 纵横向施工缝及钢筋布置(尺寸单位:mm)

7.2.2 连续配筋混凝土面层与其他类型路面或构造物相连接的端部,应设置锚固结构。端部锚固结构可采用钢筋混凝土地梁或宽翼缘工字钢梁接缝等形式。

a) 钢筋混凝土地梁依据路基土的强弱宜采用 3 个～5 个,梁宽 400 mm～600 mm,梁高 1 200 mm～1 500 mm,间距 5 000 mm～6 000 mm;地梁与连续配筋混凝土面层应连成整体。其构造如图 4 所示。

b) 宽翼缘工字钢梁的底部应锚入钢筋混凝土枕梁内,工字钢梁的尺寸、锚入深度应依据连续配筋混凝土路面厚度选择,枕梁宜长 3 000 mm、厚 200 mm;钢梁腹板与连续配筋混凝土面层端部间应填入胀缝材料。其构造如图 5 所示。

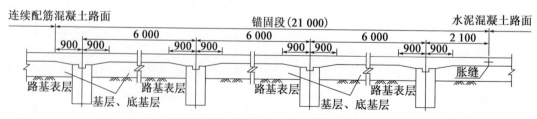

a) 锚固段的纵断面(地梁应贯穿路面全宽)

图 4

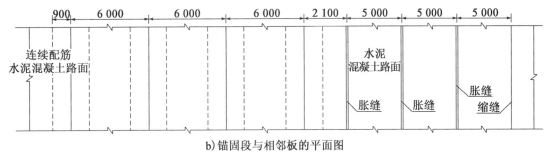

b) 锚固段与相邻板的平面图

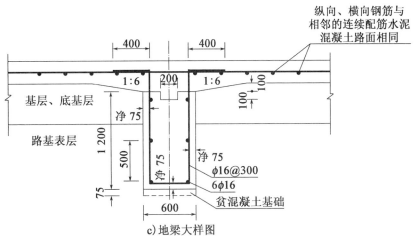

c) 地梁大样图

图 4 钢筋混凝土地梁锚固（尺寸单位：mm）

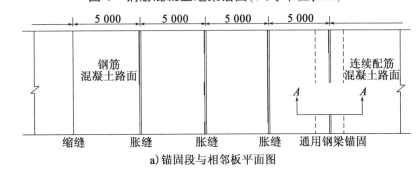

a) 锚固段与相邻板平面图

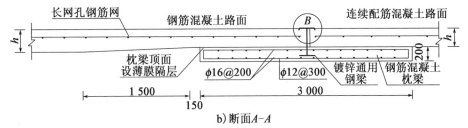

b) 断面 A-A

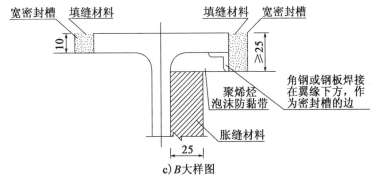

c) B 大样图

图 5 宽翼缘工字钢梁锚固（尺寸单位：mm）

7.3 填缝材料

填缝料应选用与混凝土接缝槽壁黏结力强、回弹性好、适应混凝土板收缩、不溶于水、不渗水、高温时不流淌、低温时不脆裂、耐老化、有一定抵抗砂石嵌入的能力、便于施工操作的材料。宜选用硅酮类、聚氨酯类填缝料、橡胶沥青类或改性沥青类填缝料。

8 配筋设计

8.1 连续配筋水泥混凝土面层的纵向配筋量应按下述要求确定：
   a) 纵向钢筋埋置深度处的裂缝缝隙平均宽度不大于 0.6mm。
   b) 横向裂缝平均间距 1.1m～2.4m。
   c) 钢筋所承受的拉应力不超过其屈服强度。
   d) 满足上述要求所需的纵向配筋率，重交通荷载等级宜为 0.7%～0.8%，特重交通荷载等级宜为 0.8%～0.9%，极重交通荷载等级宜为 0.9%～1.0%。所需配筋率的具体计算方法参见 JTG D40 附录 D。
   e) 对于复合式连续配筋水泥混凝土路面，其纵向配筋率可降低 0.1%。

8.2 纵向钢筋配筋率计算时水泥混凝土线膨胀系数宜根据附录 B 实测；水泥混凝土干缩应变根据水泥混凝土试件的劈裂强度查表 7，采用插值法确定。

表 7 水泥混凝土试件劈裂强度与干缩应变对应关系

劈裂强度(MPa)	收缩应变($\mu\varepsilon$)
2.07	800
2.76	600
3.45	450
4.14	300
4.83	200

8.3 横向钢筋应满足施工时固定和保持纵向钢筋位置的要求，钢筋间距宜采用 1 200mm。

8.4 连续配筋混凝土面层的纵向钢筋和横向钢筋应采用 HRB400 螺纹钢筋，直径宜为 16mm～20mm。当钢筋可能受到严重腐蚀时，宜在钢筋外涂环氧树脂等防腐材料。

8.5 钢筋布置应符合下列要求：
   a) 纵向钢筋距面层顶面不应小于 90mm，最大深度不应大于 1/2 的面层厚度，在不影响施工的情况下宜接近 90mm。
   b) 纵向钢筋的间距不应大于 250mm，不小于集料最大粒径的 2.5 倍。
   c) 纵向钢筋采用搭接的方式，搭接长度为 25 倍～33 倍直径或 400mm～500mm，搭接位置应错开，各搭接端连线与纵向钢筋的夹角应小于 60°。
   d) 边缘钢筋至纵缝或自由边的距离宜为 100mm～150mm。
   e) 对厚度超过 330mm 的水泥混凝土面板，宜采用双层配筋。

8.6 相邻车道之间或者车道与硬路肩之间的纵向接缝内，必须设置拉杆。该拉杆可以用加长的横向钢筋代替，当采用三辊轴施工工艺时，横向钢筋在模板处采用丝接的方式延长。

9 材料技术要求

9.1 一般规定

路面各结构层组成材料的原材料及外加剂品质和技术指标要求，以及混合料组成设计方法，应符合

JTG/T F20、JTG/T F30 和 JTG F40 中有关条款的规定。

9.2 垫层材料

排水垫层的粒料级配应同时满足渗水和反滤的要求。

9.3 基层材料

9.3.1 贫混凝土集料公称最大粒径不宜大于31.5mm,水泥用量在不掺粉煤灰时不得少于170kg/m³,28d弯拉强度标准值宜控制在2.0MPa~2.5MPa范围内。碾压混凝土集料公称最大粒径不得大于26.5mm。

9.3.2 水泥稳定粒料的集料公称最大粒径宜为26.5mm或31.5mm。小于0.075mm的细料含量不得大于5%,小于4.75mm的颗粒含量不宜大于50%,液限应小于28%,塑性指数应小于5。承受极重、特重和重交通时,水泥剂量宜为4%~6%。

9.4 功能层材料

沥青混凝土功能层宜采用AC-5、AC-10、AC-13密级配沥青混合料,其体积指标、水稳定性、渗水系数应满足JTG F40的要求。

9.5 CRCP面层材料

9.5.1 面层水泥混凝土应采用旋窑生产的道路硅酸盐水泥、硅酸盐水泥、普通硅酸盐水泥。高温期施工宜采用普通水泥、低温期施工宜采用早强型水泥。

9.5.2 水泥混凝土集料公称最大粒径不应大于26.0mm,当采用双层配筋时,集料公称最大粒径不宜大于19.0mm。细集料应使用质地坚硬、洁净、耐久的天然砂或机制砂,其级配范围宜符合表8的规定。砂的细度模数不宜小于2.5;高速公路面层用砂,其硅质砂或石英砂的含量不宜低于25%。

表8 天然砂的推荐级配范围

方孔筛尺寸(mm)	4.75	2.36	1.18	0.60	0.3	0.15	0.075
通过百分率(%)	95~100	80~100	50~85	25~65	10~35	0~10	0~31

注:对于机制砂,通过百分率为0~6%。

9.5.3 水泥混凝土粗集料温度线膨胀系数不应大于 $8.28 \times 10^{-6}/℃$。

9.6 磨耗层

沥青混凝土磨耗层材料宜采用SMA-13、AC-13,混合料配合比设计要求及性能要求参照JTG F40的规定。

10 水泥混凝土配合比设计

10.1 一般规定

10.1.1 面层水泥混凝土的配合比设计应满足其弯拉强度、工作性、耐久性要求,兼顾经济性。

10.1.2 混凝土配合比设计应包括目标配合比设计和施工配合比设计两个阶段。目标配合比设计应确定混凝土的水泥用量、集料用量、水灰(胶)比、外加剂掺量。施工配合比设计应通过拌和楼试拌确定拌和参数。经批准的配合比在施工过程中不得擅自调整。

10.2 水泥混凝土配合比设计

10.2.1 水泥混凝土配合比设计时的混合料试配弯拉强度的均值,应按式(2)确定。

$$f_m = \frac{f_r}{1-1.04C_v} + ts \qquad (2)$$

式中:f_m——水泥混凝土试配28d弯拉强度的均值(MPa);

f_r——水泥混凝土弯拉强度标准值(MPa);

C_v——水泥混凝土弯拉强度的变异系数,参照表2取用;

s——水泥混凝土弯拉强度试验样本的标准差;

t——保证率系数,按样本数和判别概率参照表9确定。

表9 保证率系数

公路等级	判别概率	样 本 数			
		6	9	15	20
高速公路	0.05	0.79	0.61	0.45	0.39
一级公路	0.10	0.59	0.46	0.35	0.30

10.2.2 水泥混凝土中水泥含量不得少于320kg/m³且不大于410kg/m³。水泥混凝土最大水灰比不应超过0.42。

10.2.3 水泥混凝土中应掺加引气剂,确保其抗冻性,提高工作性;拌和机出口拌和物含气量均值及允许偏差范围宜符合表10的规定。钻芯实测水泥混凝土面层最大气泡间距系数宜符合表11的规定。

表10 拌和机出口拌和物含气量均值及允许偏差范围

公称最大粒径(mm)	含气量均值及允许偏差(%)	试 验 方 法
19.0	4.0±0.5	JTG E30 中 T 0522
26.5	3.5±0.5	

表11 水泥混凝土面层最大气泡间距系数

试 样	最大气泡间距系数(μm)	试 验 方 法
钻芯取样	325±45	JTG/T F30 附录 B.2

10.2.4 不同施工工艺混凝土拌和物的工作性应符合下列规定:

a) 碎石混凝土滑模摊铺时坍落度宜为10mm~30mm,振动黏度系数宜为200N·s/m²~500N·s/m²。混凝土振动黏度系数试验方法见JTG/T F30附录A。

b) 三辊轴机组摊铺时,拌和物的现场坍落度宜为20mm~40mm。

c) 拌和楼(机)出口拌和物坍落度值,应根据不同工艺摊铺时的坍落度值加上运输过程中坍落度损失值确定。

11 施工准备

11.1 一般规定

11.1.1 应充分了解并掌握设计要求。

11.1.2 应根据路面的设计与施工质量控制水平要求、工程规模、进度工期等条件,选择适宜施工工艺、机械设备及其数量,制订施工方案和施工组织计划。连续配筋水泥混凝土面层应采用滑模摊铺机或者三辊轴机组施工。

11.1.3 基层、功能层应验收合格,并应测量校核平面和高程控制桩,恢复路面中心边缘等全部基本标桩,测量精度应满足相应规范的规定。

11.2 施工组织

施工组织设计应包括下列内容:
a) 施工机械设备种类与数量组合、进场计划、操作人员与设备调配方案。
b) 路面的施工工艺流程、质量检验计划、关键工序质量控制要求。
c) 配合比的试验、检验与控制程序,计划和质检人员安排。
d) 原材料进场计划。
e) 安全生产计划等。

11.3 拌和站

11.3.1 拌和站应布置粗、细集料储存区、水泥或掺合料罐仓、蓄水池、搅拌生产区、工地试验室、钢筋储备和加工场。

11.3.2 拌和站蓄水池容量应满足拌和、清洗、养生用水及洒水防尘的需要。

11.3.3 水泥掺和料的储存和供应应符合下列规定:
a) 散装水泥和粉煤灰应使用罐仓储存。罐仓顶部应有过滤、防潮措施。不同厂家的水泥应分罐存放,更换水泥品种或厂家时应清仓再罐,粉煤灰不得与水泥混罐。
b) 罐仓中宜储备满足不少于3d生产需要的水泥与掺和料。水泥应防水防潮。

11.3.4 集料储备应符合下列规定:
a) 施工前,宜储备不少于正常施工10d用量的粗、细集料。
b) 料场宜建在排水通畅的位置,底部应做硬化处理,不同规格的集料之间应设置隔离设施,并设置明显标志牌,避免混杂。
c) 应控制粗、细集料中粉尘与含泥量,并应架设顶棚,保证其含水率稳定。

11.4 原材料与设备检查

11.4.1 对各种原材料,应根据料源、规格、品种原材料作为一个批次,按JTG/T F30 表5.4.1中的全部检测项目、检测频率和试验方法进行检测,检测合格并经配合比试验确认满足要求后,方可使用。不合格原材料不得进场。

11.4.2 施工前应对机械设备、测量仪器、基准线或模板、机具工具及各种试验仪器等进行全面检查、调试、校核、标定,并适量储备主要施工机械易损零部件。

11.5 功能层施工

沥青混凝土功能层的施工及质量标准应符合JTG F40的相关规定。

11.6 封层施工

11.6.1 封层所用沥青为SBS改性沥青,技术指标与面层SBS改性沥青一致。

11.6.2 封层所用集料为5mm～10mm单粒径规格石灰岩碎石,技术要求与沥青混合料面层材料一致,碎石要经过拌和站加热除尘,掺加3‰～5‰的道路石油沥青进行预拌后使用。

11.6.3 封层沥青洒布量为$1.2kg/m^2$～$1.4kg/m^2$,碎石覆盖率要求不大于70%,一般控制在$5kg/m^2$～$7kg/m^2$,应通过试验段确定具体洒(撒)布量,撒布碎石后应采用胶轮压路机碾压,以不粘轮,不产生松动为宜。

11.7 试验段铺筑

11.7.1 连续配筋水泥混凝土面层施工前,应制订试验路段的施工方案和质量检测计划,并铺筑试验路段。试验路段宜选在硬路肩或者匝道处进行试铺。

11.7.2 试验路段铺筑应达到下述目的：
   a) 确定拌和楼的拌和参数、实际生产能力和配料精度。
   b) 检验混凝土的施工性能、技术参数和实测强度。
   c) 检验铺筑机械、工艺参数及与拌和能力匹配情况。
   d) 检验施工组织方式、质量控制水平和人员配备。

12 水泥混凝土面层施工

12.1 一般规定

12.1.1 三辊轴机组铺筑工艺可用于二级公路的水泥混凝土面层施工,也可用于高速公路、一级公路硬路肩、匝道、收费广场边板、封闭式中央分隔带、弯道超高加宽段硬路肩及局部异形面板等的施工。

12.1.2 滑模摊铺工艺宜用于高速公路、一级公路、二级公路水泥混凝土面层施工。

12.1.3 上坡纵坡大于5%、下坡纵坡大于6%、半径小于50m或超高超过7%的路段,不宜采用滑模摊铺机进行摊铺。

12.1.4 面层混凝土的施工参照JTG/T F30的相关规定。

12.2 模板

12.2.1 三辊轴机组摊铺模板应采用钢材、槽钢或方木制成。模板高度应为面层设计厚度,直线段模板长度不宜小于3m,小半径弯道及竖曲线部位可配备长度为3m的短模板。

12.2.2 纵向施工缝侧模板无须设置横向钢筋和拉杆穿入孔,传力杆和横向钢筋的丝接螺母端头应采用粘胶带密封并紧靠模板,防止水泥浆渗入。模板每米长度应设置不少于1处支撑固定装置。

12.2.3 模板的架设与拆除应满足JTG/T F30的相关规定。

12.3 抗滑构造施工

12.3.1 细观纹理的施工应符合下列规定：
   a) 细观纹理宜在精平后的湿软表面,使用钢支架拖挂1层~3层叠合麻布、帆布等布片拖出。布片接触路面的长度宜为0.7m~1.5m,细度模数较大的粗砂,接触长度宜取小值；细度模数较小的细砂,接触长度宜取大值。
   b) 用抹面机修整过较干硬的光面,可采用较硬的竹扫帚扫出细观纹理。
   c) 已经硬化后的光滑表面可采用钢刷刷毛、喷砂打毛、喷钢丸打毛、稀盐酸腐蚀、高压水射流等方式制作细观纹理。

12.3.2 极重、特重和重交通荷载等级公路水泥混凝土面层应采用刻槽法制作宏观抗滑构造。在水平弯道路段、桥面、隧道里面宜使用纵向刻槽。当组合坡度小于3%时,要求减噪的路段可使用纵向槽。组合坡度大于或等于3%的纵坡路段,应使用横向槽。

12.3.3 矩形刻槽深度宜为3mm~4mm,槽宽宜为3mm~5mm,槽间距宜为12mm~25mm。采用变间距时,槽间距可在规定尺寸范围内随机调整。

12.4 连续配筋水泥混凝土路面面板养生

12.4.1 面板养生应合理选择养生方式,保证混凝土强度增长需要,防止养生过程中产生微裂纹与裂缝。

12.4.2 面板养生应符合下列规定：
a) 高速公路、一级公路混凝土面层宜采用养护剂加覆膜养生。
b) 现场养生用水充足的情况下，可采用节水保湿养护膜、土工毡、土工布、麻袋、草袋、草帘等养生，并及时洒水保湿养生。
c) 缺水条件下，宜采用覆盖节水保湿养护膜养生，并应洒透第一遍养生水。

13 施工质量标准与控制

13.1 一般规定

13.1.1 路面施工应建立健全施工质量保证体系，对施工全过程进行全面质量控制。

13.1.2 应按铺筑工艺与进度要求，配备足量质检仪器设备和人员。对面层施工各工艺环节的各项质量标准应做到及时检测，根据检测结果对施工进行动态控制，保证施工各项质量指标合格、稳定。

13.1.3 水泥混凝土面层施工过程中应采取有效措施，严防出现质量缺陷。铺筑工程中发现质量缺陷时，应加大检测频率，必要时应停工整顿，查找原因，提出处置对策，恢复到正常铺筑工况和良好质量状态再继续施工。

13.2 水泥混凝土路面质量标准

13.2.1 水泥混凝土路面铺筑质量标准及检查项目、频率和方法应符合 JTG/T F30 表 13.2.1 的规定。

13.2.2 高速公路和一级公路应按 JTG/T F30 附录 H 对各项主要质量指标和检测数据进行动态质量管理。

13.2.3 水泥混凝土面层铺筑几何尺寸质量标准及检查项目、频率和方法应符合 JTG/T F30 表 13.2.3 的规定。

13.2.4 水泥混凝土面层铺筑的质量缺陷检查项目、标准、频率和方法应符合 JTG/T F30 表 13.2.4 的规定。

13.2.5 各级公路水泥混凝土面层在施工过程中宜采用 3m 直尺检查和控制平整度指标。

13.2.6 各级公路面层弯拉强度应采用标准效率试件评定。采用钻芯取样圆柱体劈裂强度换算的弯拉强度验证。检查标准小梁弯拉强度后，宜用试件完好部分实测劈裂强度与抗压强度。每种弯拉强度应按 JTG/T F30 附录 H 进行评定。

14 其他

其他未尽事宜应按照 JTG D40、JTG/T F30 执行。

附 录 A
（资料性附录）
连续配筋混凝土板应力分析及厚度计算

A.1 力学模型

A.1.1 按基层和面层类型和组合的不同，路面结构分析可分别采用下述力学模型：

a) 弹性地基单层板模型。适用于粒料基层上混凝土面层，旧沥青路面加铺混凝土面层；面层板底面以下部分按弹性地基处理。

b) 弹性地基双层板模型。适用于无机结合料类基层或沥青类基层上混凝土面层，旧混凝土路面上加铺分离式混凝土面层；面层和基层或者新旧面层作为双层板，基层底面以下或者旧面层底面以下部分按弹性地基处理。

c) 复合板模型。适用于两层不同性能材料组成的面层或基层复合板。两层不同性能材料组成的层间黏结的面层，作为弹性地基上的单层板或者弹性地基上双层板的上层板；无机结合料类基层或沥青类基层与无机结合料类底基层组成的基层，作为弹性地基上双层板的下层板。

A.1.2 混凝土面层板的临界荷位位于纵缝边缘中部。基层板的临界荷位与面层板相同。

A.2 弹性地基单层板荷载应力

A.2.1 设计轴载在面层板临界荷位处产生的荷载疲劳应力应按式（A.1）计算。

$$\sigma_{pr} = k_r k_f k_c \sigma_{ps} \tag{A.1}$$

式中：σ_{pr}——设计轴载在面层板临界荷位处产生的荷载疲劳应力（MPa）；

σ_{ps}——设计轴载在四边自由板临界荷位处产生的荷载应力（MPa），按A.2.2确定；

k_r——考虑接缝传荷能力的应力折减系数，取0.87；

k_f——考虑设计基准期内荷载应力累计疲劳作用的疲劳应力系数，按A.2.3确定；

k_c——考虑计算理论与实际差异以及动载等因素影响的综合系数，高速公路取1.15，一级公路取1.10。

A.2.2 设计轴载在四边自由板临界荷位处产生的荷载应力σ_{ps}应按式（A.2）计算。

$$\sigma_{ps} = 1.47 \times 10^{-3} r^{0.70} h_c^{-2} P_s^{0.49} \tag{A.2}$$

$$r = 1.21 (D_c/E_t)^{1/3} \tag{A.3}$$

$$D_c = \frac{E_c h_c^3}{12(1-v_c^2)} \tag{A.4}$$

式中：P_s——设计轴载的单轴重（kN）；

h_c、E_c、v_c——混凝土面层板的厚度（m）、弯拉弹性模量（MPa）和泊松比；

r——混凝土面层板的相对刚度半径（m）；

D_c——混凝土面层板的截面弯曲刚度（MN·m）；

E_t——板底地基当量回弹模量（MPa），按A.2.4确定。

A.2.3 设计基准期内的荷载疲劳应力系数k_f应按式（A.5）计算。

$$k_f = N_e^\lambda \tag{A.5}$$

式中：N_e——设计基准期内设计轴载累计作用次数，按JTG D40附录A式（A.2.4）计算；

λ——材料疲劳指数，连续配筋混凝土取0.057；碾压混凝土和贫混凝土取0.065。

A.2.4 混凝土板底地基当量回弹模量E_t应按式（A.6）计算。

$$E_t = (E_x/E_0)^\alpha E_0 \tag{A.6}$$

$$\alpha = 0.86 + 0.26\ln h_x \tag{A.7}$$

$$E_x = \sum_{i=1}^{n}(h_i^2 E_i) / \sum_{i=1}^{n} h_i^2 \tag{A.8}$$

$$h_x = \sum_{i=1}^{n} h_i \tag{A.9}$$

式中：E_0——路床顶综合回弹模量(MPa)；

α——与粒料层总厚度 h_x 有关的回归系数；

E_x——粒料层的当量回弹模量(MPa)；

h_x——粒料层的总厚度(m)；

n——粒料层的层数；

E_i、h_i——第 i 结构层的回弹模量(MPa)与厚度(m)。

A.2.5 最重轴载在面层板临界荷位处产生的最大荷载应力，应按式(A.10)计算。

$$\sigma_{p,max} = k_r k_c \sigma_{pm} \tag{A.10}$$

式中：$\sigma_{p,max}$——最重轴载 P_m 在面层板临界荷位处产生的最大荷载应力(MPa)；

σ_{pm}——最重轴载 P_m 在四边自由板临界荷位处产生的最大荷载应力(MPa)，按式(A.2)计算，式中的设计轴载 P_s 改为最重轴载 P_m (以单轴计,kN)。

A.3 弹性地基单层板温度应力

A.3.1 在面层板临界荷位处产生的温度疲劳应力应按式(A.11)计算。

$$\sigma_{tr} = k_t \sigma_{t,max} \tag{A.11}$$

式中：σ_{tr}——面层板临界荷位处的温度疲劳应力(MPa)；

$\sigma_{t,max}$——最大温度梯度时面层板产生的最大温度应力(MPa)，按 A.3.2 确定；

k_t——考虑温度应力累计疲劳作用的温度疲劳应力系数，按 A.3.4 计算。

A.3.2 最大温度梯度时混凝土面层板最大温度应力 $\sigma_{t,max}$ 应按式(A.12)计算。

$$\sigma_{t,max} = \frac{\alpha_c E_c h_c T_g}{2} B_L \tag{A.12}$$

式中：α_c——混凝土的线膨胀系数，根据附录 B 确定；

T_g——公路所在地 50 年一遇的最大温度梯度，按 JTG D40 表 3.0.10 确定；

B_L——综合温度翘曲应力和内应力的温度应力系数，按 A.3.3 确定。

A.3.3 温度综合翘曲应力和内应力的温度应力系数 B_L 应按式(A.13)计算。

$$B_L = 1.77 e^{-4.48 h_c} C_L - 0.131(1 - C_L) \tag{A.13}$$

$$C_L = 1 - \frac{\sinh t \cos t + \cosh t \sin t}{\cos t \sin t + \sinh t \cosh t} \tag{A.14}$$

$$t = L/3r \tag{A.15}$$

式中：C_L——混凝土面层板的温度翘曲应力系数，按式(A.14)计算；

L——面层板的横缝间距，即板长(m)；

r——面层板的相对刚度半径(m)。

A.3.4 温度疲劳应力系数 k_t 应按式(A.16)计算。

$$k_t = \frac{f_r}{\sigma_{t,max}}\left[\alpha_t\left(\frac{\sigma_{t,max}}{f_r}\right)^{b_t} - c_t\right] \tag{A.16}$$

式中：α_t、b_t、c_t——回归系数，按所在地区的公路自然区划查表 A.1 确定。

表 A.1 回归系数 α_t、b_t 和 c_t

系 数	公路自然区划					
	Ⅱ	Ⅲ	Ⅳ	Ⅴ	Ⅵ	Ⅶ
α_t	0.828	0.855	0.841	0.871	0.837	0.834
b_t	1.323	1.355	1.323	1.287	1.382	1.270
c_t	0.041	0.041	0.058	0.071	0.038	0.052

附 录 B
（资料性附录）
水泥混凝土线膨胀系数测试方法

B.1 适用范围

该方法适用于通过测量水泥混凝土芯样或者圆柱体试件在一定温度范围内的长度变化,以确定其线膨胀系数 α_c。

B.2 仪器

B.2.1 水浴箱

水浴箱可在 50℃±1℃ 至 10℃±1℃ 范围内保持恒温。

B.2.2 电阻式温度计

精度达 0.1℃,最小分辨率达 0.01℃,安装在距试件约 25mm 的位置以测量水浴温度。

B.2.3 天平

精度 0.01g,量程 20kg。

B.2.4 卡尺或比测仪

测量精度 0.1mm。

B.2.5 支架

B.2.5.1 支架。支架需由耐腐蚀材料制备,以减轻水浴的侵蚀作用。垂直构件应由不胀钢制作,该材料线膨胀系数极小。其他构件应由 304 不锈钢制作。支架如图 B.1 所示。

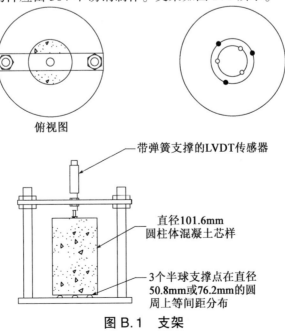

图 B.1 支架

B.2.5.2 LVDT位移传感器测量端应采用螺钉固定剂以防测试过程中螺钉松动。支架高度可根据不同高度的试件进行调整,但是每次调整只有应进行标定。

B.2.5.3 底板直径为254mm,或采用边长254mm×127mm的长方形。

B.2.5.4 底板上应放置3个小半圆球等间距分布在直径50.8mm或76.2mm的圆周上以支撑试件。

B.2.6 水泥混凝土锯

可切割圆柱体试件的两端,切出的圆柱体试件两个端面垂直于中心轴并互相平行。

B.2.7 可浸水的LVDT传感器

传感器装有激发源和数字输出,最小分辨率为0.000 25mm,量程适合变形测试。为了仪器装配方便,选择量程±3mm较为合适。

B.2.8 参照杆

参照杆由304不锈钢或其他已知线膨胀系数的非腐蚀性材料构成,长178mm±0.025mm,直径约102mm。

B.2.9 标定块

由厚度为2.541 27mm的若干个规块组成。

B.3 试件

B.3.1 试件为圆柱体或芯样,公称直径为100mm或150mm,平行试件最少2个。

B.3.2 试件上下端面切割后垂直于中心轴,标准长度为178mm±2mm。试件任一端面与中心轴的垂直度偏差不超过0.5°(约每100mm长偏差不超过1mm)。切割或磨削试件不平的端面到0.050mm以内。

B.4 测试过程

B.4.1 测试前将试件浸泡于23℃±2℃的饱和石灰水中至少48h。每24h称量试件表干重,当连续两次称量试件增重不超过0.5%时达到测试要求,用毛巾擦干试件表面水分。

B.4.2 将每个试件放置在支架上,安装好LVDT传感器,然后放置到水浴中。

B.4.3 从水浴中取出试件,在室温条件下量取试件长度 L,精确到0.1mm。

注:所有测量必须在取出试件后5min内完成。

B.4.4 将试件放置于控温水浴箱内的变形测量装置中,确保LVDT的测量端顶住试件上端,试件下端与半球支点紧密接触,通过LVDT传感器稳定的读数确定试件与半球支点的接触情况。注意请勿重击或者振动LVDT的测量端。

B.4.5 读取整个测试过程中每分钟的水浴温度、LVDT传感器变形。

B.4.6 设定水浴温度至10℃±1℃,恒温1h。

B.4.7 设定水浴温度至50℃±1℃保持最少2h10min的升温时间,达到设定温度后恒温1h。

注:进行试验核实选定水浴达到50℃所消耗的时长。

B.4.8 设定水浴温度至10℃±1℃保持最少2h10min的降温时间,达到设定温度后恒温1h。

B.4.9 上述过程完成了一次试验循环,如图B.2所示。

B.4.10 重复步骤B.4.6和B.4.7两次,总共进行3个测试周期。

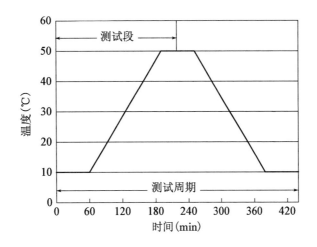

图 B.2 测试段和测试周期

B.5 计算

B.5.1 对于每个试件,绘制温度—变形曲线。仅取温度上升或降低的点,舍弃恒温点。进行回顾分析,得到试件线膨胀系数。对于每个试件,有两条曲线,包括升温过程和降温过程曲线,这两条曲线应互相平行,如图 B.3 所示。均方差 R^2 值应大于 0.999 0。找出每条曲线的斜率 M。采用式(B.1)计算 α_c 值。

$$\alpha_c = M/L + C_f \tag{B.1}$$

式中:α_c——线膨胀系数;
M——斜率(mm/℃);
L——试件长度(mm);
C_f——支架调整系数。

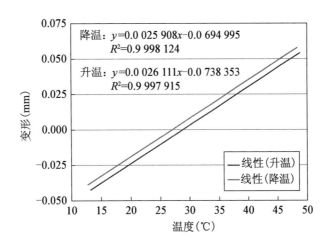

图 B.3 线膨胀系数实例

B.5.1.1 升温过程和降温过程的 α_c 的差异必须小于或等于 0.50 με/℃。如果差异超过上述容许值,再进行几个周期的测试,直至两者的差异符合上述容许值要求。最终试件的 α_c 取升温和降温阶段的平均值。

B.5.1.2 同种材料不同试件的 α_c 差值必须小于 0.30 με/℃。如果差值超过上述容许值,再进行几个周期的测试,直至两者的差异符合上述容许值要求。最终试件的 α_c 所有试件的平均值。

B.6 报告

报告包括以下内容：
a) 试件编号。
b) 试件龄期。
c) 试件高度，精确到 0.025mm。
d) 试件集料类型。
e) 各个试件的 α_c 值，保留 3 位有效数字，例如 $\alpha_c = 7.66 \times 10^{-6}/℃$。
f) 所有试件的平均 α_c 值，保留两位有效数字，例如 $\alpha_c = 7.7 \times 10^{-6}/℃$。